JN438379

한 남자의 한달생활비내역보고

박가월 시집

오늘의문학사

한 남자의 한달생활비내역보고

◆책머리에◆

오솔길

어떻게 난 길일까
무슨 일로 생겨났을까
오솔길을 따라 가노라면
잃어버린 내 꿈 찾을 수 있을까

누가 만든 길일까
무슨 일로 만들었을까
오솔길을 따라 가노라면
내 청춘도 다시 찾을 수 있을까

우리가 살아가는 길은 오솔길과 같다.

미완의 앞길을 홀로 유유히 헤쳐 나가는 길이다.

그 삶 속에 시를 쓴다는 것은 나의 길을 만들고, 잃어버린 꿈을 찾고 나의 청춘을 찾는 것이다.

시는 나의 무수한 편린의 부스러기들을 주워 모은 것이다. 이것들은 나의 추억이고 현재와 미래의 징검다리 역할을 한다.

오솔길처럼 나는 항상 혼자다.

가족 친구와 동반하지만 그들에게 위로받고 삶의 보조를 맞추어 주변에서 협력하여 나를 지탱해 나가지만, 그 사랑하는 사람들도 내 삶을 대신해 주지는 않는다. 내 감정으로 사랑하고 내가 밥을 먹어야 배부르다.

나는 하나의 독립체지만 혼자서는 살 수 없다. 외로울 때 주변에서 불러주고 찾아가고, 또한 불러주고 찾아오고 엮어진 일원으로 삶을 살아가면서 각자 독립체로 동행하는 그들에게 감사한다.

앞으로도 내 자신에게 게으르지 않길 바란다. 변화무쌍한 세상의 모든 사물들을 바라보면서 나는 오늘도 시를 쓴다.

2011년 10월
별이 뜬 창가에서
박 가 월

차례

2부 그리움의 반란

3부 당신 참 좋다

4부 나의 행복지수

나는 나이고 싶다

징검다리

인간의 역사(歷史)는 이렇게 시작되었다

미소微笑

말은 없어도
말을 읽을 수 있는
영원하고 불멸한
人間의 꽃

이 꽃은 항상
우리를 기쁘게 하고
슬프게도 하는
마음의 香氣.

내 추억의 첫 장이 되어주오

내 추억의 둘째 장은 있습니다

내가 갖추고자 하는 노트에 첫 장을 찾습니다

남들은 첫사랑을 말하지만 첫 장에 넣을 수가 없습니다

아름다움보다는 슬픔이 많습니다

성장기의 화려하지 못한 연유로 내 추억의 첫 장은 아름다움으로 채우고 싶습니다

불혹에도 굴곡의 터널을 벗어날 수 없는 구름이 아직도 끼어 있습니다

내가 잘난 몸이 아니라서 신분을 가리지 않습니다

가난 속에서도 웃고 사는 모습 보셨나요

모자람의 기쁨 속에 행복을 차릴 수 있는 추억, 살아가는 동안 만들 수 있다면 좋겠습니다

누가 내 추억의 첫 장이 되어주오.

어머니의 향기

어머니!

어머니란 이름만 들어도 아늑하고 포근해집니다

나 어릴 적 누님의 등에 업혀 강펄에 나가 밭 매는 어머니의 젖을 먹기 위해 품안에 안겼을 적에 어머니의 품안에서는 땀 냄새가 풍겼습니다

그 냄새는 어느 아름다운 숙녀에게서 나는 향수나 꽃향기보다도 값진 무엇으로도 비교할 수 없는 소중한 어머니의 향기였습니다

잠자리에서도 어머니의 냄새를 맡아야만 잠이 들곤 하던 어린 시절이 내 나이 불혹이 넘어서도 어머니의 젖가슴에 묻혀 애집하던 찝쯜한 그 맛이 지금도 향기로 다가옵니다.

고구려

척박한 땅의 들풀처럼 꿋꿋이 견디며
광활한 대륙 동쪽에 등장한 고구려
수도 없이 나라가 세워졌다 사라지는
난세에 풍전등화의 혼돈을 극복하고
일궈낸 외유내강의 굳건한 나라
민족의 자존심과 긍지를 지켜내며
대륙의 한 위치에 고구려가 있었으니
그 이름 대륙에 빛나는 주자였다
서토의 적군이 황사바람 밀려오듯
인간 그물로 포위망을 겹겹이 쳐도
흔들림 없이 칠백년을 지켜온 열성조
영토를 차지하기 위한 주권경쟁에
불꽃처럼 일고 나는 패권의 맹주로
주인이 되고자 하루에도 수십 번씩
대륙 벌판을 뜨겁게 달구던 싸움
광활한 영토를 경영하며 위용을 펼치던
고구려의 그 위대한 뿌리를 보았다.

고샅 애정이야기

시방 누구보고 동상 요
뉘 복장 터트린 교
허락도 없이 누가 동상한다는 겨
그딴 말 싫어라우
그대 애인이고 싶어라우

그라면 안 되는 디
느그 아버지 알면
난 다리몽둥이 부러져야
쬐깐 애 꼬드겼다고 작대기 들고 쫓아와야
동상이 싫어서가 아니란 거
알 것 자.

형兄

형은 동생이 못 살아 보이는지
동생이 풋내기 여리게만 생각하는지
술을 같이 해도 형이 술값을 낸다
형은 잘 사는 것이 아닌데
육십이 넘어서도 직장을 떠나지 못하고
형이 벌지 않으면 안 되는 처지인데
그래도 형이 낫다고 생각하는지
동생한테 도움을 주려고 한다
젊었을 적에는 의견 충돌도 있었지만
지금은 동생 의견을 존중해 주고
맞는지 안 맞는지 모르지만 내 말을 따라준다
형은 좋은데 형이 못 산다
형은 동생보다 낫다고 생각하는지
동생은 그런 형이 좋지만 마음은 슬프다.

아름다운論

예뻐지고 싶음은 본능이다
아름다움을 쫓는 것은 욕구다
치장은 자신의 만족이다
나를 위한 꾸밈이지만
너를 위한 꾸밈도 있다
아름다운 것은 행복하다
자신을 돋보이게 하고
남에게 사랑을 받는다
질투를 유발하게 하고
남을 끌어들이는 매력이 있다
아름다움 하나만 가지고
사회의 신분 상승이 된다
맨 위에 나란히 설 기쁨을 얻는다.

바다가 그리운 나무

외포리 선착장에서 조금 떨어진 곳에
바다를 내려다보는 소나무가 있다
언제 어떻게 난 소나무인지는 모르지만
바다가 그리운 나무 펜션을 운영하는
주인과 함께 바다를 보고 살아간다
소나무가 먼저 바다를 지키고 있었다
나무가 제법 커 펜션을 짓기 전에
강화도 이곳에 자생한 나무로
펜션과 소나무가 일치하여 어울린다
국수산 참나무 숲이 뒤란을 두르고
앞뜰에는 곰솔이 있고 석모도가 보인다
작은 어울림이란 음악과 문학이 있는
행사를 가을이면 지인들을 불러 모아 연다
언덕 정원의 아기자기한 작은 모임에
어울리는 펜션과 소나무가 자리 잡고
푸른 하늘과 달과 별이 내려다본다
바다가 그리운 장소가 어울리고
펜션을 찾아오는 사람들이 어울린다
바다가 그리운 나무, 바다가 그리운 사람
주인과 나무는 바다를 보고 살아간다.

잔설殘雪

잔설이 잊혀져 가는 애인의 기억처럼 아스라이 산등성이에 남았다 그 시절이 희끗희끗 아련한 추억 속으로 밀어져 간다 수없이 계절은 바뀌어도 그대를 잊지 못할 것 같은 냉혹한 현실도 봄 눈 녹아 흐르는 물처럼 세월은 가고 햇볕이 머문 담벼락에 졸고 있는 노란 병아리의 봄꿈인 양 추억은 내 머리에 잔설로 앉았다.

황진이의 남자

난 황진이가 좋다 하여 사랑한다
황진이의 인간성을 좋아하지는 않았다
황진이 예술혼을 사랑했었다
그녀를 현대판 엘리트들이 좋아했다
그들 안목이 없어 그녀를 좋아했겠는가
기생한테 반했다면 이유가 있다
기생은 지적 미모를 갖춘 여인들이었다
조선 여인들이 소극적인 시대에
예능을 겸비한 개방된 여성들이 있었으니
남자들이 가만있지 못했으리라
나는 그 시대에 태어났으면 선비였을까
지금의 황진이는 없는가
황진이를 만나서 유유자작하고 싶다
황진이는 만인의 남자가 좋아한다
평범한 사내한테 첫 몸을 줬지만
황진이 남자는 조선의 엘리트들이었다
덕망 있는 남성들과 일견 견줘 빛이 났다
시대적 배경을 놓고 황진이를 보라
황진이가 좋다 황진이 남자이고 싶다.

수양버들

초록의 버들가지는
곱게 빗어 내린
누님의 긴 머릿결입니다

봄바람 살랑일 때
나풀대는 버들잎은
처녀의 설레는 마음입니다

늘어져 쭉 뻗은 줄기는
바람나 목포로 간
숙희의 잘빠진 다리입니다

거세게 흩날려 떨친 잎은
형수님이 개가할 때
떼놓는 자식의 울부짖음입니다.

유월이 가네요

어떻게 생겨난
그리움일까
인연 몇 가닥 잡힌 채
유월이 가네요

울타리 줄장미
누굴 기다려
사랑도 얽지 못한 채
유월이 가네요

거리에 흩어진
편린의 사연
정든 끈 잡지 못한 채
유월이 가네요.

여인숙방 쥐 오줌 공상

연락선도 끊긴 부둣가 거리
낯선 땅에 맞이한 하룻밤
갈 곳이 없어 일찍 누운 방에
어수선하게 잠을 청하며
바라본 천장은 알 수 없는
낯선 섬들이 그려져 있다
저 많은 섬 중 내 갈 곳 있을까
공상에서 터전을 찾는다
숨이 멈출 듯 더덜거리는
벽에 붙은 선풍기 요란스럽다
방 둘을 뚫고 걸친 형광등
옆방에선 끌 줄 모르고
들려오는 이야기 사연도 길다
신경이 곤두서 어설픈데
설친 잠을 새벽에 청하지만
처음 내딛는 미지의 땅에
때꾼한 눈꺼풀은 아침이 무겁다.

더위

몸치장을 할 수 없다
이런 날엔 치장을 해도
아름답지 못하다
장미꽃같이 겹이 있어야
꾸밈이 가능한데
여름은 실오라기 하나도
벗어 던져야 하는 몸
땡볕의 속성은 나체를 좋아한다.

신성리 강가에서

아, 누구의 이별인가
허리가 구부러지는 사이에서 움직임만큼 갈대숲의 속삭임이 들려온다
맑은 하늘에 흰 구름 떠가는 가을 길을 따라 갈바람 좇아 높은음 낮은음의 갈대숲 춤사위는 무도회를 연다
갈대의 장단은 바람결에 어깨동무 스크럼을 짜고 넘어갔다 일어서는 아우성으로 몸짓이 모여 은빛 나래를 편다
떨어지는 노을이 갈대숲에 금빛 옷을 입혔다
길손의 사연을 엿듣다 눈물 한방울 떨어트려 암흑의 장벽을 치는 마지막 노을의 향연이다
빛을 뿌려놓은 은나래 금나래의 노을은, 사내 마음을 흔들어 놓고 떠나는 여인처럼 잡지 못하는 아쉬움에 어둠이 내린다

아, 누구의 숨결인가
노을은 내일이면 다시 만날 수 있지만 낙화암의 여인들은 흩날리는 꽃잎처럼 올 수 없는 역사의 꽃으로 떨어졌다
백제의 위상을 펼치던 넓은 하구 갈대꽃은 누구의 이름을 빌어 이 자리에 서 있는가
아름다운 황금빛처럼 드리운 황혼이 그리움의 강물이 되어 흐른다

미지의 여인을 그리는 총각처럼 마음이 아련하다
살지 않은 시대의 숨결이 느껴져 마음은 애달프게 요동치는데
말발굽 달리던 벌에 물새들이 비행하며 안식처로 깃들기에
더 없이 좋은 갈대숲의 풍광은 누구의 영혼인가
그 옛날 백제가 그립다
이 갈대숲을 서성이며 애잔한 불씨를 살리고 있다.

우리 인연은 여기까지입니다

연리지의 애틋함을 뒤로 하고
그녀는 말없이 절로 갔다
동행할 수 없는 이유를 알고자
그곳에 찾아 갔을 때는
산사의 갈참나무는 퇴색되고
그녀는 다른 곳으로 갔다
나를 피해 갔는지 알 수 없지만
며칠을 울다가 떠났단다
하염없이 우는 사연이 애처로워
가리켜 준다는 스님은
그리로 갔을 거라는 대구에서
물어물어 어렵사리 찾아내
면회를 청하고 한참 만에 나온 그녀

우리 인연은 여기까지입니다

결곡한 말을 남기고
매정한 찬바람을 일으키며
온 길로 돌아선 곳은 수녀원이었다.

폭설

내가 찾아간 발자국도
폭설에 묻혀버린 인멸의 길이다
너를 적막강산에 두고 찾지 않았다고
야속하다 곱씹으며 원망하겠지
너를 찾다 네 아버지 고견을 듣고
아픈 너의 산사 앞에 서성인 내 마음에
눈물도 고드름으로 굳었다
눈이 녹는 삼월이면 산사 앞뜰에
석설石雪이 된 발자국을 보고
내가 산사를 돌고 돌았다는 것을 알리라
그땐 나는 이미 심경은 정리되고
네가 알지 못한 외딴 섬에서
녹아버린 눈처럼 그리움조차 지웠으리.

조치원역 대합실

열차 타러 가는 사람 차에서 내려 나오는 사람
대합실엔 오가는 사람이 끊이질 않는다
몇 명 안 되는 노숙자는 천방지축 제멋대로 있다
거리낌 없이 광장 거리를 돌아다니고
세수 안한 얼굴에 옷은 찌든 때가 뻰질뻰질
억세게 뻗친 수염과 머리가 드센 고슴도치 같다
정오의 대합실은 조용한 분위기인데
긴 의자에 술 취한 노숙자는 무의식중인가
인사불성이 되어 얼마나 잠을 잤을까
버릇처럼 비몽사몽으로 눈을 감은 채 누워
아래 지퍼에 손이 가더니 성기를 끄집어 내놓고
오줌발은 뻗치다 자져들고 바닥은 흥건하다
사람들은 혼비백산 죄인처럼 달아났고
같은 부류의 중년 여자는 노숙자 친구쯤 되는지
주위를 한번 휘 둘러보더니, 이게 뭐야
지퍼를 잡고 옷을 올리려고 툭툭 건드리니
검은 놈은 힘없이 미끄러져 들어간다
노숙자도 인정이 있고 부끄러운 것은 알고 있다
남들이 못하는 일을 스스럼없이 해내지만
자기 부끄러운 희생 하나로 남을 아무렇지 않게

수습하여 다음 사람을 유쾌하게 한다
최악의 경우에 달하면 남이 못하는 짓을 하게 되는가
거리에서 흘레 짓거리하는 개 같은 행동을
우리도 내몰리면 같은 짓을 스스럼없이 하리라
인간은 옷을 입기 전에는 아무데서나 내놓는
지금도 남은 선례로 길에서 방뇨하고 있다
삶이 무너져 내리면 사람도 개와 예외가 없으리라.

도시의 남자

도시의 남자는 외롭다
갈 곳을 잃고 거리를 방황한다
오라는데 없고 갈 곳도 없는
남자는 도시에 설 수 없다
인정을 받아야만 도시를 활보하고
빌딩 숲을 들락거릴 수 있다
도시는 아무나 받아주지 않는다
이유가 있어야 자격을 준다
사람을 위해 사람이 만든
카메라 출입전자카드가 감시하고
자유로운 행동도 제약받아
사람들은 말 한마디 없다
기계가 사람을 감별해서 집어넣는
인정 없는 삭막한 빌딩 숲이다
도시에서 회고당한 남자는
갈 길을 잃고 골목길에서 죽어 간다.

나는 나이고 싶다

1
내 얼굴을 누구의
얼굴과도 바꾸고 싶지는 않다
내 얼굴에 가냘픈 몸매에
조금 살이 붙었으면 하지만
밉지 않은 얼굴이면 족하다
내 얼굴을 잘생긴 누구의
얼굴을 닮고 싶다는 것은
청춘의 반발이었다
어려서는 날 낳아 주신 부모님을
원망하고 태어난 것을
후회한 적도 있지만
나이를 먹으면서
얼굴을 바꾼다거나
누구를 닮고 싶은 청춘은 갔다
나는 나이고 싶다
이립의 개성을 발견하면서
날 낳아 주신 것에 감사한다.

* 이 시는 서정윤님의 『홀로서기』를 읽고 감동을 받아 쓴 작품으로 3~4번이 부분 같음을 밝혀둔다.

2

나는 나이고 싶어 하면서
나는 남 닮는 것을 부정하며
내 애인은 누구이고 싶고
누구를 닮은 여자이고
지성과 아름다움을 겸비한
곧은 절개를 가진
여인을 갈망하는 것은
나는 나이기 이전에
뭇 사람의 마음일 게다.

3

나를 대신해 누가
사랑을 해 줄 수 없다
나를 대신해 누가
밥을 먹어 줄 수 없다
누가 나를 대신해 먹은 밥에
내가 배부를 수 없듯
사랑은 내가 해야 한다
내가 밥을 먹어야 한다

내 피부와 감정으로 실감을 해야
사랑을 알 수 있고
人生의 참맛을 알 수 있다
철저히 나를 찾아야 한다
나는 나이고 싶다.

4

나의 길은 내가 가야 한다
내 일은 내가 알고 해야 한다
실수는 용서할 수 있지만
자기 안위를 위한 실수는
받아들일 수 없다
내가 지은 죄는 내가 책임져야 한다
죄를 짓고 비굴하게 피하는 것은
잠시의 위안은 될지언정
자기 자신을 뒤돌아볼 때
부끄러운 오점을 남기게 된다
지금 내가 죽어도
내 일은 내가 짊어져야
그것이 나의 길이며 나인 것이다.

5

사랑을 찾기 위해
동숭동 대학로에 갔었다
나의 이상형을 찾기란
그리 어렵지는 않았다
어디 한 곳 흠잡을 데 없는
지적인 내면을 겸비한 소녀였다
나는 사랑을 고백했다
그러나 거절당하였다
내가 눈물로 호소하였지만
소녀는 자기의 이상형이 있었고
자기의 길이 있는
자기이고 싶은 소유자였다
내가 나를 부르짖을 때
남도 자기만을 부르짖는
고결한 인격체가 있었다
나는 나이고 싶음에 앞서
남도 나이고 싶어 하는
존중해야 하는 부분이 있었다
남의 개성도 사랑하리라.

그리움의 반란

가을

아름다운 슬픔이여!

비움과 채움

채우고 싶어도
비워지는 것이 있다
비우고 싶어도
채워지는 것이 있다
채우려 하면 부족하고
비우려 하면 생각이 치민다
듬뿍 받고 싶어
갈망하는 사랑은 멀어지고
잊으려는 사랑은
밀물처럼 밀려든다
비우려 하면 다가오고
채우려 하면 멀어져 안달하는
사랑은 바보인가.

화담과 황진이

만남을 이룸에 있어 방법도 엽기적이다
서로의 소문에 알고 있은 터임에도
인연은 본능의 유혹으로 상봉한다
미색을 보고 반하지 않는 사내가 있던가
여자끼리도 질투하는 법이거늘
감춰진 마음을 들춰낼 수 없다지만
예쁜 여자만 봐도 황홀한 것인데
찾아들어 유혹의 자태를 부렸을 때
흔들리지 않는 사내가 있었으니
곧은 줏대로 지켜낸 화담의 인품이여!
황진이가 이루지 못한 사내 품도 있도다
오오, 황진이도 고개를 숙이는구나
사모하는 님으로 가까이 하고자
무릎 꿇고 스승으로 모심을 청하니
화담인들 사내로서 흔들리지 않았으랴
자존심도 버리고 스승과 제자로 꿈을 이루고
사랑은 詩로서 속마음을 드러내는구나.

메아리

야호!
야—호!!

나의 존재 확인하는
또 다른 너의 존재가 있다
너의 존재 확인하는
또 다른 나의 존재가 있다
하늘 정상에서 상쾌함을
맘껏 부르짖을 때
나의 존재를 필요로 하는
거기에 산이 있다
우거진 숲 속 깊숙한 계곡
고성을 되받아치는
메아리 메아리 메아리
반 박자 뒤처진 너의 존재
산 속에서 산다.

비례比例

살면서 좋을 수만은 없어요
지면 피고 피면 지는
극과 극의 비례로 나누어졌어요.

바람이 불면
붙은 불은 화려하게 타오르지만
지나간 흔적은 재만 남아요.

대지에 알맞은 단비는
생명의 약이지만
개미떼들은 문닫고 활동을 못해요

겨울을 준비하는 과정에
가을은 화려하지만
발가벗은 나무들은 쓸쓸하지요

눈은 겨울의 꽃이지요
살아서 움직이는 생명은 불편하지만
보리밭은 포근하답니다.

시의 산고

시를 쓴다는 것은 고뇌의 시작이다
불을 끄고 잠자리에 누웠다가도
한 줄의 시상만 떠올라도
발작적 동작에 의해 벌떡 일어난다
시 쓰는 연륜이 짧든 길든
자다가도 홀연히 깬 새벽에
스치는 영감을 놓치지 않기 위해
일어나 불을 켜고 메모를 한다
써 놓은 작품이 풀리지 않을 땐
고뇌하며 잠 못 이루고
뭔가 생각하고 또 생각하며
글자 하나를 놓고서도 고심에 고심
고쳐야 할 알맞은 단어가 잡히면
괴로움 속에 행복을 찾는 시의 열매
누가 시켜서 하는 것도 아닌데
시를 안 쓰면 뭘 잊어버린 것 같고
변보고 밑 안 닦은 찜찜한 취미
덜 익은 시에 두뇌는 사과 빛을 만드느라
이 색깔 저 색깔을 거듭 내보이지만
열 달의 산고를 거쳐도

시는 항상 미숙아를 낳는 심정
언제나 만족감의 해답은 없다
부적절한 관계에서 사생아를 낳는
여인네의 불안과 초조
시를 쓴다는 것은 고뇌의 연속이다.

사랑은 어린애 같아라

나 사랑해
응
얼마만큼
하늘만큼 땅만큼
정말
응
나보고 얘기해
………!
믿어도 돼
응
보여줘
어떻게 보여 주냐
못 보여줘
응
안 사랑해
사랑해
그럼 보여줘
음!
안아 줄께
응, 아— 좋아!

하루살이

하루만 같이 살면 하루살이는
평생을 친구로 사는 거라네
여름날 저녁 짧은 만남이 아쉬워
무리지어 광란의 춤을 춘다네

사람은 살면서 친구를 만나고
수없이 만났다 헤어지지만
평생을 같이 하는 친구가 없다네
미련만 남기고 먼저 떠나간다네

나면서 죽을 때까지 하루살이는
친구로 같이 태어나 같이 죽으니
슬퍼할 일도 그리워할 일도 없다네
미련 따위는 인연을 맺지 않는다네

인간과는 달리 정을 두지 않아서
애틋한 사랑을 모른다네
가로 등불에 모여 여흥을 즐기다
깊은 밤 어둠 속으로 사라진다네.

그리움의 반란

갈증을 유발하는 목마름인가
사랑은 아프단 예견을 못한 건 아닌데
아파하며 사랑하는 이유를 설명할 수 없다
사랑한단 말로 수없이 위로받아도
정작 그리울 땐 복받쳐 내뱉는, 계집애

왜 사랑은 해가지고 아프게 만드나
악의 없이 투정처럼 터져 나온 푸념
왜 이렇게 이쁘게 다가오는가
보고 싶다 말을 되뇌며 찾아 나설 때
무심코 내뱉은 계집애는 그리움의 반란이다

소유할 수 없는 서로의 감정이라고
사랑을 가르쳐 준 그대 말을 부정하며
차지하는 거라고 안달하는 그리움에
서로 지불해야 하는 사랑의 대가는
아름다움을 애태우는 그리움만 가중된다.

살구나무집

살구나무집이라고 불렀습니다

장맛비가 내리는 날은 학교에서 돌아오자마자 가방을 내던지고 이웃 누나의 집으로 달려갔습니다

누나의 집에는 큰 살구나무 한 그루가 있었습니다

기쁘게 맞이해 주는 아주머니와 예쁜 깍쟁이 누나의 문간방에서 귀를 쫑긋 세우고 있노라면 딱! 하는 소리와 동시에 뒤뜰 장독대로 뛰었습니다

비바람을 맞고 떨어진 새콤달콤한 살구를 주워 먹기 위해 누나와 경쟁을 하였습니다

뛰는 것은 내가 빨랐지만 줍는 것은 거의 누나 차지였습니다

"언제 철이 드누!"

주워 오는 누나의 등에 혀를 차며 아주머니는 내 편을 들었습니다

나는 살구 맛같이 상큼한 누나를 좋아하면서도 트집 잡아 앙탈을 부렸습니다

누나는 톡 쏘아 붙이면서도 내 요구를 들어주었습니다.

추억으로 가는 여행

앞서 부푼 꿈에 낭만을 가득 실었다
마주보는 밤차에 몸을 싣고
우리는 추억으로 가는 여행을 떠난다
해가 솟는 동해로 해가 지는 서해로
낮과 밤을 지새며 인생의 꿈을 싣는다
차창을 경계로 안과 밖의 구분이 뚜렷하다
안에서 보는 바깥은 어둠 속의 창공
별이 우리 사이를 지켜보고 있다
바깥에서의 안은 낮보다 선명하게 드러난다
철길 따라 가는 밤차는 적막을 가르고
어둠 속에서 우연히 밤차를 바라본 노루는
이상한 세상이 어디론가 간다고
호기심에 목을 길게 빼고 휘둥그레
차 안이 신기하다 고개를 갸우뚱한다
우리가 가는 동안 실시간 자연과 더불어
어우러진 현재를 아름답게 담는다
연인과 마주하는 시선은 충만한 기쁨
이 밤이 가기 전에 이야길 쏟아내자
사랑을 훔쳐서라도 간직하고 싶은 추억
꿈과 낭만을 찾는 순간은 행복하다

동행하는 동안만은 거부할 수 없는 즐거움
황홀한 공간 속에 추억으로 가는 여행
동해의 해를 맞자 서해의 놀을 맞자
먼 훗날 소망하는 아름다운 날이었다고
말할 수 있는 젊은 날의 추억을 담아내자.

단풍과 아내

1
가을엔 한 번 더 장가가고 싶다
가슴에 불붙은 여자하고 살고 싶다
달거리 걸린 여자는 단풍처럼 가슴이 불붙을 거다
가을은 이런 여자한테 사랑을 받고 싶다

2
단풍은 황혼의 저문 폐경이다
낙엽처럼 메마른 자궁女는 우울하다
귀퉁이에 쭈그리고 앉아 있을 쓸쓸한 아내한테 가자
아내는 바람 든 무 속처럼 가슴이 비었을 게다.

낙화

아름다움 쏟아 붓는
반란

화려함이 내던져진
자폭

이른 봄 떠나보낸
청상

꽃 지던 날 소임 마친
잉태

겨울의 어머니

거리에 찬바람이 일면서 노모는 기력이 쇠약해졌다
무에 바람이 송송 들어
쓸데없는 곳을 칼로 잘라 버리면
쓸게 별로 없는 것처럼
어머니의 몸은 성한 곳이 없다
몸은 바삭 마른 나무 밑동아리 고자빼기다
눈은 보이는데 앞에 운무가 낀 양 불투명하다
다리는 절룩거리고
발가락은 욕창이 생겼다
죽을 드신다
벽, 상, 소파를 의지해 일어나
찾아온 아들 먹이려고 주방을 뒤진다
몸이 안 따라줘 때로는 욕까지 내뱉는 92살

"왜 오래 사는지 모르겠다"

고단한 삶의 아픔을 토로하신다
아들이 해줄 것이라곤 부담을 안기면서
찾아뵙는 것밖에 없다
바라보는 마음이 안쓰러워 코끝에 격한 감정이 스친다.

애인

얼마나 보고 싶었으면 울었을까
멀리 있어 만나지 못하는 애틋한 마음에
전화 통화는 물론 문자도 보내고 편지도 쓰는데
사랑의 갈증을 풀 수가 없는 것인가
보고 싶은 것이야 말로만 전하니
속 시원히 풀어줄 해답은 못 되지만
그리움 해소에는 도움이 되지 않겠는가
직접 만나 차(茶)라도 나눈 감정 속에
손잡고 공원을 걷고 대화를 나누고
마주보며 마음과 마음을 전할 수 있는
위안이 될 시간도 함께하지 못했다
눈물이 나게 한다는 것은 내 잘 못이다
애인을 변방에 두고 사랑한다는 말을
무수히 내뱉으며 찾아가지 않는 건 우습지 않은가
아무런 조치도 취하지 않으면서
그녀가 변심하지 않은 것만도 다행이다
내가 생각해도 뭘 믿고 날 좋다는 지
나를 생각하고 있다는 게 사랑스럽지 않은가
소홀했던 내 잘못으로 울게 했다
내일은 그 사랑을 찾아 내 사랑의 믿음 주리라.

민통선 코스모스

민간인이 통제된 지역에는
코스모스가 여름 초입에 피었다
사람이 자유롭게 드나들 수 없는 땅
누가 그리 본다고 꽃을 피웠는가
나를 기쁘게 맞아 주지만
장갑차가 굉음을 울리고 지나갈 때
요란스런 진동에 몸서리치며
코스모스는 말 없이 맞이할 뿐
그 이상 이하도 모른다
보고 자란 것이 이게 전부인데
긴장상태에 놓인 휴전선의 환경도
좋고 나쁨의 영향을 모르리라
장갑차마저 지나가지 않으면 적막하다
이 길가에 누가 목적이 있어
코스모스 씨를 뿌렸을까
간혹 지나는 행인을 반겨주지만
휴전선이 무너지고 민통선이 해제되는 날
남북을 잇는 꽃으로 이름 드높이리.

제비꽃

널 알고 이름을 알았지
내 눈에 띄었을 때
허릴 굽혀 쳐다보다
시선이 멈춰 섰지
너는 다소곳한 숙녀
어여쁘다는 걸 알았지
어엿한 자태지만
허릴 펴면 먼 자리
잘 띄지 않는 작은 몸
이곳을 지날 때면
어여쁜 너를 못 잊어
허릴 굽혀 인사를 하지.

파란주의보

하늘엔
파란주의보가 내려졌습니다
햇볕이 쏟아집니다
눈이 부십니다
구름 한 점 없습니다
고추밭에 고추가 빨개집니다
곡식이 꽉 들어찹니다
감이 노랗습니다
밤이 토실토실 벌어집니다
오동통 해바라기 살이 올랐습니다
단풍이 물듭니다
사랑하기 좋은 계절입니다
들판이 황금물결입니다
수수밭에 참새떼 날아다닙니다
험상궂은 익살로 허수아비 서 있습니다
산머루 다래가 단맛을 냅니다
하늘은 파란 가을입니다.

간밤에 그런 것을 보고

비좁은 방에 식구들이 모여 자던 밤
우연히 아버지와 엄마가 하던 사랑을
어려서 모르고 자다가 숨죽이고 보았다
누가 한 분 싸우다 다칠 것 같은 무서움에
불안해하다 조용해지면 잠들곤 했었다

이 녀석이 간밤에 그런 것을 보았는지
아버지와 엄마가 하던 사랑을 흉내 낸다
남 다 자는 밤에 은밀히 하던 사랑을
분명 잠에서 깨어나 숨죽이고 보고서
낮에 소꿉놀이에 동무한테 써먹는 것이다

보고 느낀 것을 장난삼아 놀이하는데
혼내 줄 수는 없고 그냥 둘 수도 없어
누가 볼까 낯 뜨겁고 민망스러워
돈 주고 가게 가서 사탕 사먹으라고
훼방을 놓고 말았다 그 순간을 피하느라.

톡톡 탁탁

양반집 가문의 큰할아버지는
장날에 오랜만에 만난 친구와
술집 청주댁에서 회포를 나눴다
그 소식을 접한 큰할머니는
장에 가면 청주댁에 들러
한잔 잡숫고 오는 게 못마땅한 터에
양반 체모에 식솔들 앞에서
싸울 수도 없어 벼르고 벼르다
겸상에서 바가지를 긁는데
술집도 많은데 하필이면
괴상한 소문이 도는 청주댁이냐고
감정을 토닥토닥 토해 내며
조목조목 열거해 따지고 드니
황망한 큰할아버지는
허허, 헛기침으로 일관하다
밥상을 슬그머니 물리고
사랑채로 건너가신다
화가 안 풀린 큰할머니는
밤에 은밀히 둘만 사용하던 암호로
건너오라는 신호를 하는데,

담뱃대로 화롯가를 톡톡 치면
큰할아버지는 불편한 심기로
문지방을 탁탁 치며
담연을 카랑카랑 끌어 올리셨다.

동수 이야기

1

조치원 장날, 장을 마치고
동수와 아우는 십오 리 집 길을
마차를 타고 별이 쏟아지는 호밀밭
고요한 강펄을 지나고 있었다

형아, 장가 안 가?
형아가 장가 가야 나도 가지.
쪼그만 놈이 벌써 장가냐,
형아 닮아서 장가는 일찍 가고 싶구나?
응, 형아 닮았나봐.
색시는 있냐?
없어, 없지만 웃말 금순이
누나를 좋아해.
자식, 그것도 형아 닮았네.

동수는 착하다
발가벗은 말이 바보가 됐다
바보라고 말들 하지만 꿈을 가지고 산다.

2

산속골 부잣집 곳간에서
볏 가마를 한 마차 실어 놓고
그 집 아홉 살배기 경구한테
잽싸게 말을 해 놓고 뛰어간다

  나, 끙매로워
  끙 하고 올 테니까
  너, 몇 가마니 실었나 세어라?
  형이 세라!
  야, 임마? 지금 똥 싸겠다……

똥숫간에 들어앉아
변보는 척 문짝 틈으로 내다본다

  몇 가마니니……
  경구야, 다 셌니?
  ………………………

동수는 방앗간 머슴이었다
많은 셈은 못하지만 자존심은 있었다
그리고 자기의 임무는 해 나가고 있었다.

3
짐실은 마차는 언덕배기를
무거워 못 올라가고 있었다
소를 잘 다루지만 우직할 때도 있다
뒤로 물러섰다, 다시 오름을 시도하는데……

　이랴이랴 이랴이랴
　이놈의 소새끼 잘 처먹으면서
　힘도 못 써, 너 오늘
　못 올라가면 제삿날인 줄 알아라
　아주 모가지를 비틀어
　똥장군 마개를 만들어 버릴 테다
　이놈의 소새끼 알아서 해라
　이랴이랴 이랴이랴

누구나 제 뜻대로 안 될 때는
감정을 폭발한다 사람은 같다
동수를 누가 바보라고 했는가.

4
빈 마차는 삐그덕 삐그덕 한갓진
신작로를 타고 누워 저절로 가고
동수와 아우는 하늘을 바라보고 있었다
개구리는 울고 밤하늘에는 별들의 잔칫날이다

별도 많다. 아, 많다!
형아, 별들 봐라.
저 별들 백 개도 되지?

가슴엔 낭만이 숨쉬고
동수도 분위기에 젖는다

임마, 평수야?
백 개만 되니,

오십 개도 되지……

오십이 많은 거야?

'백' 은 한 자지만
'오십' 은 두 자 잖냐.

평수는 바보가 되어 가지만
형의 말을 거역하지는 않았다
형이 좋고 마차 타는 것을 좋아했다.

5
동수는 힘이 장사다
바보라고 하지만 성실하다
동수는 일을 거침없이 해낸다
방앗간집 딸 금순이가 좋아했다

저녁 무그라, 갈란다.
있다 가라, 데려다 주께.

안 된다, 빨리 가야 한다.
바쁘믄 무하러 왔노,
내가 무그러 가믄 되지.

요즘 와서 저녁을 내다 주며
금순이는 동수를 괜히 보챈다

있다 가믄 바라다 줄꺼지?
알았다, 걱정마.
있다, 내 가까이 오믄 안 된다.
울아버지 알믄 혼난다.
알았다, 히히히히……

동수는 기뻤다
가까이 와 달라는 말과도 같았다
평수는 형수가 되는 누나가 더 좋았다.

당신 참 좋다

追憶

슬픔을 먹고 자란 아름다움이여!

인연

만남이 행복하다면 이별은 슬픔이다
만남이 기쁜 인연이라면
헤어짐은 슬픔 인과라고 하리다
만나는 것은 어려우나 만나고
헤어짐이 다 인연이라 할 수 없다
만나서 기쁘고 아픔에서 숙성된
그리움을 인연이라 하자
우리는 만남에 얼마나 행복해 했던가
우리는 이별에 얼마나 슬퍼했던가
헤아릴 수 없이 만난 사람 중에
어디까지를 인연이라 하는가
만남은 어려우나 또한 쉽다
기억도 없이 스쳐 지나간 사람을
인연이라 할 수는 없다
우리는 그리움까지만 인연이라 하자.

웃고 사는 朴서방

산다는 것이 그저 그런 게지
그게 뭐 그리 서운한 겐가
한번 웃어넘기면 그만인 것을
이 사람 한번 웃어 보게나
맘에 안 든다고 꼬투리 잡고
인상 쓰면 주름살만 생기지
인생 득 될게 없지 않은가
가려 웃을 자리는 있지만
그냥 웃어넘기면 해결이 된다네
웃는 자한테 뺨이야 치겠나
누이 좋고 매부 좋다는 말이
이를 두고 하는 말이라네
인생을 모나지 않게 산다면
상대도 자네를 본보기로 삼고
웃는 사람으로 거듭나리니
허허, 그냥 한번 웃어 보이게나
남들은 실없다 하겠지만
인생사 웃음이 만사형통이라네.

진달래꽃이 피었어요

앞산에 지천으로 피어난 앉은뱅이 진달래꽃

진달래꽃이 피어나면 산에 올라 알맞은 나무에 걸터앉아 말안장을 삼고 달리는 자세로 나무를 흔들어댑니다

동무들도 제각기 같은 동작을 합니다

"이랴! 이랴! 가자!

신바람을 내며 뜻도 모를 끝맺음도 없는 노래를 부릅니다

"앵두나무 우물가에 동네처녀 바람났네……"

먹어도 배부르지 않은 진달래꽃을 입에 넣고 또 넣고 노래를 부릅니다

화려한 진달래꽃만큼이나 목청을 돋구어 겨우내 찌든 12살의 몸과 마음은 두견이의 피를 토하듯 토해 냅니다.

서산에 해가 떨어질 무렵 집집마다 굴뚝에서 연기가 납니다

일터에서 돌아온 아버지는 산을 향해 부릅니다

"그만 놀고 저녁 먹어라!"

여느 날 같으면 노는 것에 화가 나 있어야 할 아버지이지만 앞산의 진달래꽃을 바라보며 석양의 노을만큼 인자한 웃음을 띠고 있었습니다

"아버지, 진달래꽃이 피었어요."

"그래! 진달래꽃은 많이 먹었더냐!"

아버지도 진달래꽃을 먹은 적이 있었나 봅니다

두려움의 존재였던 아버지에게서 동질의 부류를 확인하는 순간입니다

처음 맛보는 인정의 손을 잡고 싸리문을 들어섰습니다.

중년

갈대처럼 쓰러져도
마음은 곧은 대나무이다
거센 비바람 속에서도
연륜이 중심의 뿌리이다

중년은 우람한 느티나무
남도 쉴 수 있는 그늘
축적된 관록貫祿
개성이 다듬어진 인격체
한창 발산해 거두는
잘 익은 사과 빛이다

요행의 가식은 끝났다
부끄러운 낯을 만들지 말라
서 있는 자체가 책임이고
자기를 내세울 때이다

잘 익은 열매가 중년이라면
나이에 반한 품위는

여유의 너그러움이다
연륜의 시공에서 우러나야
중년의 매력이 있다.

공원 분수대

쭉쭉 뻗어 물기둥을 이룬 시원한 분수대 속으로 두 아이와 엄마는 들어갔다 아이들은 신이 났다 공원에 나온 사람들은 날리는 물 부스러길 피해 멀리 돌아서 구경하는데 엄마와 아이들은 옷이 흠뻑 젖어 좋아라한다 아이들만큼은 자유를 보장받았다 어린 날 옷 버린다고 혼나 있을 우리들의 초상은 즐거움도 잠시, 궁핍한 자유를 겪어본 엄마는 오늘 아이들과 마음껏 놀아주고 있다 뒷걱정 없는 천진난만한 아이들 웃음은 하늘을 날고 있다.

아버지 가시던 날

부고장 받아든 날
논갈이한 논배미에 개구리 울음소리는 이리 슬피 들렸다

꽃상여 나가던 날
아카시아 꽃 흐드러지게 핀 향기는 눈물 콧물로 버무려졌다

북망산 오르는 길
이산저산 옮겨간 뻐꾸기 요령소리 구성진 왕생극락 염불하였다.

황사

동방을 그리워하는
대륙의 한恨은
해와 달을 시기하는 바람이다
동방에서 뜨는 해와 달을
무작정 동경하던 대륙은
지구가 둥글어도
갈 수 없다는 것을 알고
북서의 바람을 일으켜
동방을 향한다
이때나마 해와 달을
시기하는 동방의 하늘에
불어 닥친 봄날의 역풍은
연모의 한을 품고
대륙의 이루지 못한 꿈을
미세한 황사로 대륙을 나른다.

애정결핍증

사랑하는 사람끼리는 항상 시간이 모자란다 사랑은 받아도 채워지지 않아서 만나고 돌아서면 또 보고 싶다 사랑하는 사람과 있으면 애타는 마음이 가라앉고 바라만 보아도 사랑이 넘쳐나 행복하다 아이들이 엄마에게 떼쓰는 것은 자기만을 사랑해주기를 바람이듯 사랑하는 사람이 남들에게 친절하고 관심을 보이면 질투를 한다 그만큼 내게 돌아오는 사랑이 희석되기 때문이다 사랑은 간섭하고 화를 낸다 내가 사랑하는 사람은 나만 소유하고 싶다.

동암역

딸년은 동암역 주위에서 논다
말만한 년이 집 앞 주안역을 두고 건뜻하면 동암역에 간다
놀 곳이 있을 곳이 그곳뿐인지 찾으면 그 지역에 있다
점찍어 놓은 사내라도 있는 것인지
학교를 가도 그곳에서 출발하고 그곳으로 돌아와 집에 온다
친구와 약속도 그곳을 고집한다
시집도 안 간 것이 고약한 버릇이다
아비보다 좋은 곳인지
어미보다 살맛나는 곳인지
술도 그곳에 있고 애인도 그곳에만 있는지
늦게 귀가하여 델러 가도 그곳으로 간다
찾으려 나설 때도 그곳 주위에서 찾으면 있다
미울 때도 있지만 분명한 것은 한 곳에 안주해 있어 좋다
시집도 그곳으로 갔으면 좋겠다
보고 싶을 때 찾아가면 쉽게 마주칠지니.

남편이 사는 법

결혼하고 남편이란 무거운 짐을 졌다
좋아하는 사람과 결혼하면 행복인 줄 알았다
아내는 천사처럼 내 주위에서 내조하고
안락만 있는 줄 안 기쁨은 신혼 초에 잠시
고생문이라는 것은 생각조차 못했다
모자란 부분을 부축해주고 채워주는 줄 알았다
아름다운 환상은 잠시 현실은 족쇄였다
굴욕의 스트레스를 받으면서 참는 것이다
결혼은 의무가 아닌 책임이었다
해결의 우선순위는 돈의 압박이었다
하루하루 벌어야 생활 유지의 기본 바탕이니
몸이 무거워도 힘들다 말을 않는다
남편이 힘들어 하면 아내한테 부담을 주고
아이들까지 여파가 미쳐 우울한 가정이 된다
남편은 기쁨을 부풀려서 얘기하고
슬퍼도 기쁨을 가장한 피에로가 된다
남편의 표정 역할 하나에 가정의 행복이 달렸다
가장의 위선이 가정의 행복을 이끌어간다.

분재

옳아, 이렇게 커야지
네 소임인 거야
사람의 기형과는 달리
네 본분이고 행세야
앉은뱅이가 멋쟁이고
꼽추가 아름다워
꼬일수록 좋아
나이테가 쌓일수록
함축된 난쟁이가
제격인거야
四기형은 갖추어야
귀한 값이지 너희들은.

엉큼한 놈

알랑방귀를 뀌는 것인지
잘난 것도 없는 놈이
좋은 말은 다 갖다 들이댄다
여자 아이는 꼬임에
넘어가는 줄도 모르고
솔깃한 말에 행복을 느끼니
엉큼 떠는 것도 수단이다
잘났다고 하는 데야
좋아하지 않을 인간 없고
자기만을 사랑한다는
사탕발림이 그럴 듯한데
화낼 사람도 없다
살살 마음을 파고드니
그 아이는 결심하고
사내는 마음까지 훔쳤다
개뿔도 없는 놈이
마음에 드는 아이 꼬드겨
살림 차릴 일만 남았다.

당신 참 좋다

천사가 따로 없다
살면서 이런 기분 처음
스스로 느끼는 기쁨
행복은 누가 가져다 주지 않는다
과정에 의해
만들어지는 산뜻한 설렘
당신 참 좋다

기쁨이 따로 없다
당신이 좋으면
주위에 일어나는 것들이
그저 아름답기만 하다
당신 따라 웃을 수 있는
같은 공간에서 숨쉬는 것만으로도
당신 참 좋다

수호신이 따로 없다
직접 찾지 않아도
당신에게서 기쁨 내게로 온다
당신과 소통을 잇는

그리움이 왕래하고 있어
멀리서 밝혀주는 등불같이
당신 참 좋다

고드름

춰야만 성장하는
거꾸로에의 무생물

눈 덮인 처마
낙수하는 곳에서
물방울이 머무는 끝에
한파의 파수꾼이
투명한 매듭의 수정체로
아래로만 솟는
가분수의 긴 물대

보편적인 순리를
역행해서
더부살이로 자란다.

바람의 계절

꽃잎이 나오고
잎이 자랄 때에는
꽃바람 잎새 바람이
하늘에서 생기나 봐요

새싹이 나오며 자라며
대기권이 팽창하여
기류가 형성되면서
바람이 생겨나나 봐요

꽃 피고 잎이 나오는
4월의 거친 땅에
물드는 초록빛은
유난히 바람이 많아요.

악처惡妻

사랑도 있더라
정도 있더라
의지할 곳도 있더라
아내는 아내이더라.

보고 싶다

만날 수 없어도
잊혀질 일이야 없지만
내가 사는 날까지
늘 그렇게
가슴에 남아 있을
첫사랑 소녀가 보고 싶다.

난곡동 趙아저씨

처녀 미경이 여섯 살 때, 趙아저씨는 봉천동에 살다가 난곡동으로 흘러 들어왔다 무허가라도 내 집을 장만해야 하겠다는 일념으로 들어와 집을 사고 고향 부모님을 모셔 오니 고향 사람들은 몇 평 안 되지만 서울에 가서 집을 샀다고 작은 마을에 용 났다고 했다 셋방 전세 전전하다 집주인의 성화에 이사 다니는 것도 지치고 지겹고 서러워 난곡동에서 몇 년 고생하면 재개발 딱지(입주권) 받아 그럴 듯한 집하나 장만할 욕심으로 아우들의 돈을 끌어모아 산꼭대기에 집 한 채 장만한 지 어언 20년이다.

집을 장만한 해 여름이 되자 장마도 오기 전에 조금 내린 비에 집에서는 물난리가 났다 장맛비에는 오죽했으랴 블록에 누뻥을 얹힌 집이라 천장에서는 빗물이 쏟아져 안방 웃방 마루 부엌 할 것 없이 동이를 놓고 물을 받았고, 산 뒤쪽 담 벽에서는 물이 솟아 집안으로 스며들었다 겨울이 되면서 홑껍데기 같은 벽은 찬기가 돌고 벽 사이에서는 황소바람이 들어와 낮에도 이불을 뒤집어쓰고 겨울을 나야 했다 이듬해에 할 수 없어 보수를 하니 산 집 값의 절반이 뚝 잘려 들어가니 허리가 휘청거렸다.

높은 지대라 가물면 수돗물이 안 나오고 겨울엔 얼어붙어 저 아랫동네까지 공동물을 길러 다녔다 화장실은 공중변소를 쓰면서 아침이면 줄을 서서 기다려야 하고, 배달을 시키면 연탄 값이 비싸 한 푼이 아까워 딸 아들하고 새끼줄에 꿰어서 한두 장씩 날랐다 趙아저씨는 인쇄소가 사양산업으로 접어들자 퇴직하고 아파트 경비원으로 나섰고, 아주머니는 파출부다 행상이다 하며 딸 아들을 키우고 형제들 뒷바라지에 빚을 갚느라 부부는 고생인 줄도 모르고 집 산 세월이 흘러 오십 줄의 후반이 되었다.

딱지를 바라보고 지켜왔지만 빚을 이제 겨우 갚고 나니 바라던 재개발은 되고 아파트가 들어서게 되어 기뻐해야 할 텐데도 趙아저씨는 고생을 해 지켜온 집이라 아파트보다 더 소중하고 정이 들어 헐리는 것을 못내 서운해 한다 딱지는 받았지만 입주비가 너무 비싸 팔고 쫓겨 나와야 한다 상도동 다른 빈민가로 집 보러 오늘도 나가다 담배를 사러 들러서는 "미경이 시집가는 것을 꼭 봐야 할 텐데!" 정을 묻고 돌아선 뒷모습이 무거웠다 趙아저씨가 떠나면 미경이네 구멍가게도 곧 문을 닫을 것이다.

춘도春桃야

길을 가다 예쁜 여자를 보면 꼬드기고 싶다
남자는 여자를 잘 입히고 꾸며서
팔짱을 끼고 으스대며 신나게 거릴 거닐고 싶다
사람은 보여주기 위해 꾸밈을 한다
우리는 돈에 노예가 되어 벌지 않으면 멋을 부릴 수 없다
열심히 일하고 놀 때엔 노는
몇 해 전 내가 좋아하던 여자가 있다
명품을 사서 폼 나게 장식하고 마음껏 멋을 부리는
이름은 춘도
강원도 사북에서 올라온 여자
강남 신사동에서 봤다는 친구의 말은
옷을 잘 입고 명품 가방을 들고 백화점에서 나왔다고 한다
도도하고 쌀쌀맞던 여자
지금은 나를 보면 무시하지 못하리라
춘도가 걸어갔다는 강남 신사동을 나도 걸어봤다
촌놈이라고 깔볼지는 몰라도
춘도도 촌년이었으며 나를 보면 놀랠 것이다
하얘진 얼굴에 세련된 옷과 폼 나는 선글라스를 쓰고
나는 서울 한복판 종로를 걷고 있다
내가 좋아하던 춘도는 지금 어딜 걷고 있을까

보고 싶다, 춘·도·야.

한 남자의 한달생활비내역보고

1
아내는 쥐어짜더군
한 달 월급이 쥐꼬리 만치라고
먼저 기가 죽어 용돈을 팍팍 달라고
손을 내밀 수도 없지 요즘 남자들은 불쌍해
벌어다 주고도 끽소리 못한다고
나같이 능력 없고 무능한 인간 탓이겠지
어떻게 보면 노예나 다름없다고
월급은 통장으로 들어가
닭 모이 주듯 질금질금 타 쓰니 말이야
예전에는 작은 차라도 타고 다녔지만
기름 값이 만만치 않아 집에 반납하고
전동차를 타고 다니지
한 가지 좋은 점이 있더군
책을 많이 접할 수 있다는 장점이야
요즘 친구들 만나기도 힘들어
술 한 잔 제대로 사주지도 못하니 말일세
경조사는 왜 그렇게 많은지
인간관계는 안할 수도 없지 않은가

집에 손을 내미는 것도 한계가 있고
쥐꼬리에서 떼어주는데 경조사 얘긴 말도 못하네
쥐 눈물만큼 던져주고는 알아서 하라는 식으로
일방통행이야, 죽을 쑤든 죽을 끓이든 알아서 하라는데
어디에다 하소연을 하겠는가
이 시대에 태어난 세상이 원망스러운 거지

2
이게 내가 쓰는 한달 기본 내역이라네

전철요금 이천이백원	66,000원
점심식사 삼천원	70,000원
커피 하루 두 잔 사백원	12,000원
휴대폰요금 할부까지	50,000원
효도비	30,000원
모임	30,000원
이발비	8,000원
월간지구독료	10,000원
경조사비	50,000원

술값	50,000원
잡비	30,000원

기본이 이렇지 않은가 싶네
이것(405,000)만 들어가겠나 들어보라고
교통비는 한 달로 계산한 거지
생기는 것은 없어도 갈 데는 많더군
이것도 적게 쓴 거야 기준이 없거든
커피야 안 먹을 수 있지만 왜 그런 거 있잖나
분위기도 잡고 그런 거 말이야
직장에 자판기 커피가 싸니까 다행이지
월간지를 체면 때문에 한때는 네 권도 봤지만
줄이고 실속을 차리기로 했어,
여기에다 가끔 책을 사보기도 하지
어머니 효도 비는 오래전부터 책정해
통장으로 들어가는데 올려드리지 못하고 있네
지금은 아주 적지만 그때는 큰돈이었지
어쩌겠나, 이렇게 빈약하게 산다네
경조사는 한 달 한건 기준을 적은 거야
건수를 알 수가 없잖은가 없는 달도 있지만

친척이라도 걸리면 이것만 들어가겠나
친하지 않은 친구는 안면 몰수라네
술값은 말 안하는 게 날 것 같네 그려
친구들 지인들 만나면 이것만 쓰겠나
그 비용이 제일 많이 들어갈 걸세
아내가 알면 용돈이 뚝 잘린다네
와이셔츠는 못 사 입어도 술값은 나오더군
한 잔 사면 안 살 수도 없잖은가
집에다는 허구한 날 얻어먹고 다니는 거야
매일 술사는 양반도 바보라고 하더군
잡비도 있어야 되네. 간식, 음료수 등 꽤 들어가
그나마 담배를 안 태우는 게 다행이지
이게 인생인가 싶네 안달하며 산다는 것이.

* 2005년 6월 씀

4부 나의 행복지수

노을

하루의 반성문(反省文)이여!

신도림역, 환승을 기다리며

플랫폼은 사람이 개미떼처럼 몰려있다
겨울 초입 어둠이 내린 을씨년스런 저녁
사람들은 웅크리고 전동차를 기다린다
싣고 실어 날라도 인파는 끊이지 않는다
시간대의 구분 없이 항상 만원이다
이놈은 운이 없는지 일찍 퇴근하는 날도
술 한 잔 걸치고 늦게 귀가하는 날도
사람은 날 쫓아 움직이는가 자리가 없다
용케 운이 좋아 앞에 있다 일어서는
자리가 있어 앉아 본 것은 손꼽을 정도다
전동차가 제시간을 못 지킬 때는
플랫폼은 형형색색의 사람 시장이다
이런 날에 전동차는 꽉 들어차 팔려가는
닭장 속의 닭이 헐떡거리는 모습들이다
숱한 세월을 이렇게 전동차를 타고 이동했다
이런 생활도 삶의 정이 배었는가
사람이 없으면 플랫폼이 이상하게 낯설다
내 자신을 잃었다 일상을 이탈하고 싶다
한적한 오솔길로 들어서면 나를 찾는 곳으로.

그대의 빈 의자

내 마음의 가운데에
빈 의자가 있다
그대가 자리 잡고 앉았던
아름다운 의자이다
그대가 없으면 쓸쓸하고
그대와 같이하면
항상 행복했다
그 의자가 지금 비어 있다
누가 채워준다 해도
그대만 못하리라.

화합과 갈등 사이에

눈에 맞추면 산의 높이를 가늠할 수 있지만
마음의 절벽은 가늠할 수 없이 막막하다
이념의 대립이 존재하여 화합의 끝은 보이지 않는다
나라를 통일하기 위해 천년을 싸워도
얻기란 그렇게 어려운 것인가
부부가 하나가 되기 위해 많은 날을
갈등에서 고민하는 것과 같이
나라를 내세우고도 내분이 끝임 없이 발생하여
안정을 찾기란 쉽지가 않다
한 길을 가면서 이 자리에 오는 데는
같이 화합하여 직선으로 올 수도 있는데
둘 이상이 되면 갈등의 골이 생겨
돌아서 오느라 많은 시간을 소모한다
결과는 하나를 바라는 길에 반목하며
우선 나를 내세우고 나 아니면 안 된다는
아집에서 대립하여 왔다
하나의 통일을 바라면서 이러한 갈등의 대립으로
좁힐 수 있는 거리를 좁히지 못하고
결국은 쉬운 길을 놓고 이렇게 어려운 길로 돌아온다

하나가 되는 길에 쉬운 길을 피해서
먼 길을 돌아 아물지 않은 상처로 안착한다
잃은 건 다 잃고 상처뿐이 나신으로……

그녀가

휴대폰 음악은 그녀였다

가장 좋아했던
그녀가
튕기더니 별일이야
전화까지 먼저하고

철드니 나만한 놈 없겠지
제까짓 게.

노림수의 美學

남보다 한발 더 나감에 우리는 노림수에 걸린다
살아가는 방식에 우리는 경쟁에 길들여졌다
운동에도 적용되어 경쟁을 이끈다
야구의 타자는 치려고 노리고
투수는 맞지 않으려고 필사의 노력을 한다
맞추고자 하는 자와 맞지 않으려고 하는 자는
노림수의 갈림길에서 덤비는 자와 노리는 자이다
노력은 있을 뿐, 승부는 가려진다
승부는 자기 훈련의 연마로 헤쳐 나간다
이렇게 열심히 노력해도 이기는 것이 아니다
공을 몰고 따돌리면서 들어가지만
막는 자는 자기 진영을 온갖 수단으로 방어한다
바둑에서도 이기기 위해 노림수를 둔다
삶의 방식에는 노림수의 미학이 있다
살아 있는 자들은 경쟁 속에 이익을 위해 살고
우리들 사랑 속에도 노림수를 이용한다
글 쓰는 것도 노림수다 남을 이용해야 빛이 난다.

은별

그대는 어느 꿈 많은 선각을 못 잊어
사모하다 지친 창백한 얼굴로 밤을 새는가
그 자릴 지키느라 굳어진 은별이여
분꽃에 이슬 내린 밤이면 추위에 떨고
더부살이 몸이라서 아침이 오면
파란 하늘에 가려 꼬리도 없이 사라졌다가
저녁 길목에 나타나 존재를 알리는 밤
간절하게 소망 싣고 빛을 발하는
한결같은 천년을 기다림으로 이어온 은별이여
그대 선각은 어느 곳에서 길을 찾는가.

땅 짚고 헤엄치기

어려움 속에 살아온 우리 민초들
극복하는 과정에 부수적으로 생겨난 말
내가 어려워 노력을 쏟아 붓는 일에
생각 없이 내뱉는 말이 상대는 상처가 된다

땅 짚고 헤엄치기

그대는 일이 식은 죽 먹기라지만
아무렇지도 않게 무심하게 내던진 말에
벅차서 감당 못해 실의에 빠진 이는
두고두고 상처로 억장이 무너져 내린 말이다.

정 떼기

정은 울타리를 친 사랑이다 서로 사랑을 키워놓고 자라면 떼기가 아프다 이쯤에서 접자 이제 그만 정을 붙이자 마음이 가더라도 물리치자 너만 바라보고 싶지만 바라 볼 수 없지 않느냐 너도 이제 넓은 곳으로 눈을 돌리지 않느냐 섭섭해도 늦기 전에 이쯤에서 정을 떼자 울타리를 서서히 벗자 너 혼자 설 수 있게 또한 나는 다른 울타리를 쳐야 한다 조금 아프더라도 이제.

동학사로 가는 길

며칠 앞서 그곳에서 기다린다고 하는가
길동무되어 걸으면 마음도 가볍고
오며가며 감정을 풀기라도 할 텐데
계곡을 끼고 산모퉁이 돌아가다
바위에 걸낭을 내려놓고 잠시 쉰다
청명한 하늘에 구름이 꼈으면 좋으련만
고스란히 따가운 햇볕을 받아 지고
끓는 물 넘치듯 땀은 얼굴을 타고 내린다
마을 입구에서 탁주 한 사발 들이켜고
해가 뉘엿뉘엿 기울 때쯤 올라가
어스름달밤에 이야기라도 나눠 볼 일을
만나고 싶은 욕심에 서둘러 오르는데
풀지 못한 앙금은 기대가 무너질까 두렵다.

가을비

여름에 성장한 잎이
할 일을 다 하고
비 맞아 무너져 내린다
열매가 달린 가지에
몇 잎의 잎새가
낭만으로 남아 있지만
쓸쓸함이
가지 끝에 서려있다
가을이 결실의 이치라면
잎과 꽃은
열매의 소모품인가
가을비는
겨울로 재촉하는데
알 수 없는 역할들이
세월을 떠밀고 가고 온다.

공사장의 봄

겨울 공사장에 동면이 해제되었다
초등학교 운동장만한 땅을 파헤쳐 놓았다
아직 선명한 자국이 퇴화되지 않은 채
봄기운이 스며들어 땅이 생동한다
파헤친 자리에 냉이도 움이 트고
가느다란 나무에 백목련 서너 송이 이고 있다
어수선한 땅에도 봄은 오는가
포클레인 누빈 자국에 푸른 봄이 터져 나온다
아기 천사 같은 앙증맞은 미소처럼.

나의 행복지수

나의 행복지수는 저조하다
우선 새벽에 일어나 밥을 차려 먹어야 한다
돈을 제대로 못 벌어다 주면서
아내가 생활전선에 뛰어들었다
아내가 아침에 나가면
노출된 땡볕에 풀죽은 잎을 하고 늦게 들어온다
내가 새벽에 일터로 가면서
새벽잠을 깨우는 게 죄인 같아
도둑고양이처럼 살금살금 부엌을 들어갔다
안쓰러워 차린 밥상이 내 몫이 되었다
나이드니 직장에서 천덕꾸러기
그마저 못 버티면 어디로 가겠는가
견뎌야 한다
어른이 되어 떳떳하게
친구를 불러 술 한 잔 못하고 사는 신세
깡소주로 버텨야 하는 인생이다
아이들은 공부를 한다
친구를 만난다 늦게 들어오고
상대해 주는 인물은 그래도 개가
꼬리를 흔들어 반겨준다

아비는 차비하고 점심값이 전부인데
아이들이 잘 못 될까봐
아비보다 용돈을 얹어 주지만 마음에 차겠는가
가장이 돈을 못 벌면 설 자리가 없다
나의 행복지수는 사십 점 밑바닥 인생을 가고 있다.

키스論

키스는 가장 이상적인 사랑이다
교감이 이루어져 신뢰할 수 있을 때
하나로 결합한 일체를 만든다
사랑이란 고결한 믿음이다
서로 믿음이 있을 때만 허락하는
열정의 향기로 우러난 애정의 꽃이다
이때만은 사랑을 불신하지 않는
둘이서 하나의 육체를 이룬
가장 아름다운 사랑의 접속이다
이 순간만은 자존심도 없는 헌신으로
행복을 유지한 사랑의 교신이다
서로를 인정하는 문이 열릴 때
비로소 키스는 사랑의 가교를 놓는다.

가을과 추억

마음 속 주머니에
꼬옥 넣어 두었다가
울적할 때나 쓸쓸하여
그대 생각하고 풀 때
부연, 연주같이 손으로
만지작 주문을 외면
그대가 나타나는 것은 없을까
허공에 떠 있는
그리움은 안타깝다
꿈이 사라지면 그대와 나는
가로막힌 벽뿐인데
그리움은 幻想인가
그대의 영혼인가
영혼이 종교의 생명이라면
모두가 삶의 수반자
가을이 아름다운 슬픔이라면
追憶은 슬픈 아름다움이다.

가을남자

어데로 가는가 바람 부는데
바바리코트 깃을 세우고
만춧길 목도리 목을 감싼 신사는
화려한 분장을 하고
공원의 퇴색된 낙엽을 밟으며
서둘러 도시의 숲속을 빠져나간다

어데로 가는가 쓸쓸한 거리
남자는 화려하지만 속이 비었다
뒷모습이 고독하다
사랑을 두고 사랑을 찾는 것인가
남자는 무엇을 찾고자
을씨년스런 곳을 벗어나지 못한다

어데로 가는가 잎이 지는데
가을에 바람 품고 가는 남자는
매정하리만치 차갑다
정을 버리고 정을 찾는 사람처럼
뒤를 돌아보지 않는다
남자는 고독을 빙자한 바람둥이.

우리 시대의 영웅

홍길동 자세가 아니어도 좋다
임꺽정을 찾아 헤맨 것은 아니다
우리 시대의 평강공주를 찾아
소외계층을 아우르고 더불어 살
새 바람을 일으킬 전태일과 같은
민중의 구심점 역할을 찾는 것이다
현 시대는 존경하는 안창호 같은
독립투사를 원하는 것이 아니다
부조리한 사회모순을 타파할 수 있는
선구자적 민중을 찾는 것이다
이순신이 그 시대의 영웅이라면
깨끗한 사회참여를 이끌어 낼
현실에 필요한 선구자는 누구겠는가
바보온달과 어깨동무할 수 있는
이 시대의 영웅은 우리에게 있다.

내가 그립지도 않은가

일을 하다가도
생각 끝에 걸려 있는
그대를 어디가면 만날 수 있을까

대학로 그 길
인사동 그 찻집에
찾아와도 그대는 만날 수 없다

보고 싶은 그대여
내가 그립지도 않은가
혼자서 이 거리를 찾아 헤맨다

행복했던 거리
그리움 새겨져 있는데
그대를 어디가야 만날 수 있을까

파란 하늘이

파란 하늘이 슬프다는 것을 이제야 알겠다
파란 하늘을 보고 좋아하며 뛰어놀던 철부지 시절이 부끄럽다
파란 하늘이 서러운 것은 어머니가 그리운 뒤부터였다
어머니는 파란 하늘이 당신의 파란만장한 삶처럼 가슴이 멍들어 파랗다고 했다
자식을 키우고 인생살이 헤쳐 가며 살아온 서러운 날들을 하늘이 알고 대변해 준다고 어머니는 믿었다
어머니 나이가 되어서 파란 하늘에 왜 눈이 시린 줄 이제서야 알겠다.

처갓집

사랑하는 아내가 태어나서 자란 곳

무라지 가던 날, 집안 친척 한바탕 소나기구름처럼 몰려왔다 쏟아 붓고 물러가매 조용한 안방에 그녀의 어머니는 어려만 보이는 딸이 미덥지 않아 왼심하는 말을 나는 웃방에 누워 모녀의 속정을 엿듣게 됐다 "시집갔으니 시집 가훈을 익혀 집안 어른들에게 굄을 받으라" 는 당부가 방안에 믿음으로 영근다

처녀 때 거처하던 이 방은 그녀의 손길과 눈길이 그리고 영혼이 안 닿은 데가 없어 자못 체온이 느껴져 덧정이 인다 내가 바라보는 더그매에 그녀는 수많은 꿈을 그렸으리라 그녀가 꿈꾸었던 방에 나의 꿈도 포개 본다 간살의 바람막이던 매흙의 벽마저도 그녀가 몸담았던 이유만으로도 헛되이 보이지 않는다

집뜰에 묻혀 그녀를 지켜 주던 감나무의 나이테는 나의 역사도 가입하고 툇마루에는 그녀가 앞서 앉아 엉덩이를 붙이고 보릿고개 넘던 마당가의 해묵은 절구통의 사연과 구석에 처박힌 맷돌의 절규하던 소리 그리고 건넌방 문 옆에 놓인 다듬잇돌, 어머니의 恨을 달래던 다듬이 가락의 애환도 그녀한테 진한 삶으로 인각되었으리라 사랑하는 나의 처갓집이여!

괴산 질마재 고개 너머

1. 첫 번째 찾던 날

질마재 고개 너머 우리 엄마 이사 갔다
나이 들어 마지막 인생을 사시라고
일흔이 된 형아가 아흔이 넘은 엄마를
모시고 산다며 질마재를 넘으셨다
서울 땅에서 힘들게 일만 하던 형아는
이제 나이 들어 해먹고 살게 없다며
도시를 벗어나 자연을 벗 삼고
물 좋은 곳에서 효도 한번 하겠다고
힘에 부쳐 잘 걷지 못하는 엄마를
아파트 꼭대기 층에 갇혀 지내는 게 안쓰러워
확 트인 산촌 공기 좋은 곳에서
유모차에 의지해 걸음마부터 다시 하고
이웃 마실도 가고 여생을 보내시라
아내 자식 다 떼어놓고 혼자의 몸으로
엄마만 모시고 괴산 땅 질마재 너머에 산다.

2. 두 번째 찾던 날

질마재 고개 넘어가는 날

비가 밤새도록 퍼부었습니다
산골에 떼놓고 이제 오느냐
엄마가 흘린 눈물 같았습니다
벌어먹고 살기 힘들어 이제 왔노라
차마 말할 수 없는 아픔
막내아들 눈물 덮어 주느라
비는 또 그리 많이 내렸나봅니다
형아는 그날 마침 고향땅
조상님 찾아 벌초하러 떠가고
질마재 고개 너머는 엄마 혼자 남아
방문을 활짝 열어 제켜놓고
막내아들 언제 오나 기다렸습니다
상봉하는 날 하늘도 슬펐는지
엄마 아들 눈물 덮어주느라
장대비가 하염없이 쏟아졌습니다.

3. 세 번째 찾던 날

두 딸과 질마재 넘어가는 길은
구름 한 점 없는 보름달이 떴습니다
꾸불꾸불 돌아 넘는 고개엔

정겨운 달이 우리를 인도하였습니다
늦가을 저녁 어둠이 내린 집은
웃음소리가 크게 새어나왔습니다
그 문을 열고 들어서자 서로 반갑게
환한 얼굴로 손잡아 맞이합니다
사남매 가족들이 엄마 생신에 모여
김장을 하며 고갱이를 뽑아
보쌈에 막걸리 한잔하는 기쁨은
엄마가 살아 계신 화목입니다
질마재 고개 너머는 우리 가족사를
새로 쓰는 아름다운 요람이 되어
기쁨의 터전으로 거듭나는 바람입니다.

4. 네 번째 찾던 날

형아가 해주는 삼시 밥을 먹고
이틀 밤을 엄마와 셋이서 지냈습니다
깊은 밤을 형아와 술도 마시고
도란도란 이야기는 엄마 걱정이었습니다
엄마를 모셔보지 않은
아우가 형아 마음을 어찌 알겠었요

형만 한 아우 없다 하잖아요
형아 마음 반도 따라가지 못합니다
형아의 깊은 마음을 헤아릴 수 없습니다
엄마를 보살피느라
문밖출입을 하지 않은 지 오래입니다
몸도 마음도 외부와 차단하고
엄마와 질마재 고개 너머 형아도 늙어갑니다.

5. 다섯 번째 찾던 날

손 뼈 마디마디 관절이 튕겨져 나와
엄만 진통제가 아니면 고통을 참지 못합니다
밤새 저절로 토해내는 앓는 소리에
말 한마디 건네지 못하고 바라만 봅니다
약을 사 드리는 것 외엔 도와드릴 수 없어요
며칠 전부터 숨이 가빠졌습니다
쇠바람 소릴 내며 가쁜 숨을 몰아쉽니다
몇 날 밤낮을 쇠바람 소리를 들으며
형아 가슴은 타들어가다 내려앉았을 거예요
칠십 넘어 최근에 요양사 자격증을
취득하고 엄마를 봉양 수발하고 있습니다

나는 엄마 앓는 소리에 깜짝깜짝 놀라며
안쓰러워 노심초사 잠 못 이루고
형아 행동만 바라보며 구경만 하고 있었습니다.

6. 여섯 번째 찾던 날

1
아팠던 몸에서 한결 가벼워져
엄마 자신도 형아도 편안한 마음입니다
엄마와 형아를 바라보는 내 마음은
겨울을 뚫고 나온 민들레꽃처럼
생동하는 밝은 기쁨입니다
엄마는 노화에 오는 열악한 상태
연세만큼 정상의 몸입니다
밥 해먹는다고 서울 집에 갔다 오라
형아보고 자신 있는 말을 합니다
건강 찾은 엄마를 보니 마음이 행복합니다.

2
아침에 형아하고 산책을 가느라
형아 자전거를 가지고 신작로에 나갔습니다
뒤에 탈 수 없어 자전거로 앞서 달리다
형아가 저 만큼 가로수에 받쳐놓고
걷다 뛰다 먼저 앞서 가면
아우가 자전거로 따라잡아 저 멀리 달아나
전봇대에 세워놓고 뛰어가고
자전거가 다시 추월하여 앞서 나가
저 만큼 멀리 세워놓습니다
그렇게 형아와 아우는 자전거를 타고 걷고 뛰다
산골짜기 외딴집 물 좋은 곳까지
산책하고 왕복 두 시간이 넘는 코스를
다시 돌아가는 길은 형아와의
보람 있는 이야기에 시간이 짧기만 하였습니다.

7. 일곱 번째 찾던 날

엄마는 기력이 쇠진하여 누워계신다
사람은 늙으면 어린네로 돌아가는 것인가
힘에 겨워 응석을 부린다

기어올라 대소변도 곧잘 보았으나
이젠 의지하지 않으면 올라갈 힘도 없다
다시 기운을 얻어 일어나리라
자식은 희망이었을 뿐 현실은 냉혹하다
기력은 자꾸 빠져 나간다
이렇게 오래 산들 엄마에게 무슨 도움이 되겠는가
내 마음은 이제 내려놓아야겠다
한번 잃은 건강은 구십 육세의 나이에
회복은 불가능한 것이리라
자식들은 번갈아 찾아가 위로를 하지만
나만 소생을 바랬던 것은 아닌가
슬픈 일이지만 나는 희망의 끈을 놓으련다
엄마가 한시라도 빨리 이 고통에서 편했으면 좋겠다
형아가 새삼 고맙고 형수가 고맙다.

8. 여덟 번째 찾던 날

사남매가 질마재 너머에 모였습니다
그동안 부기가 올라갔다 내려갔다 세 번을 하시다
어제 갑자기 곡식을 끊으시고
눈을 감고 말도 못하고 누워계십니다

엄마는 손을 잡고 작은아들 왔다고 크게 말을 해도
들리는지 안 들리는지 아무 말 없으시고
연신 왼손 한쪽만을 움직이며
이불을 걷었다 올렸다 옷을 잡아당기시기에
염주를 손에 들려주니 차분히 돌리시며
엄마는 안정된 모습입니다
의식은 살아 습관처럼 손을 움직이고 있습니다
단아하고 깔끔한 엄마라서 누워 계신 모습이 곱습니다
백 살까지 살아 계시기를 바랬지만
자식이 목숨을 관장할 수 없으니
슬프지만 하늘나라로 보내드릴 준비를 합니다
이것이 운명이라면 받아들이렵니다
자식의 넉넉하지 못한 삶을 안쓰러워하고
많은 고생을 자식들과 하며 방패막이 되어주시던 엄마
자식 사랑을 안락한 곳에서 받았으면 하여
형아는 공기 좋은 곳으로 모셨지만
효도를 하고자 할 때 노쇠하여 다한 목숨에
자식은 슬프고 안타깝습니다
호강은 못 해드렸어도 자식들이 지켜보는 앞에
평온하게 밟아가는 자연사로 보내드림에 조금은 위안입니다

엄마 찾아 넘던 괴산 질마재 고개도
자식은 마지막 길이 되었습니다. 어머니!

9. 고향 선산에 가시던 날

엄마가 질마재를 넘었을 때
새 희망을 찾은 듯 즐거워했습니다
땅을 밟고 밭을 보고 숲을 보고
흙냄새를 맡고 살 것 같다 하였습니다
낳고 자란 고향 같은 품속이라 하였습니다

그 소녀같이 기뻐하시던 엄마
그날이 그리 길지 않아 못내 아쉽습니다
한 여름에 질마재를 넘어갔다
이듬해 초여름에 다시 나올 때는
이 세상을 하직하고 넘는 길이었습니다

엄마가 번개산*에 묻힐 때
고향의 뻐꾸기가 유난히 울어댔습니다
활짝 핀 아카시아 꽃 짙은 향기는
내 눈물 콧물로 범벅이 될 때

엄마 영혼이 감싸주는 마음씨 같았습니다

번개산에 봉분을 세우고 돌아설 때
푸른 하늘이 서럽다던 어머니 말씀처럼
맑고 푸른 하늘이 더욱 푸르러
엄마가 푸른 하늘에 들어가 앉은 것 같아
자식 마음은 서럽게 눈물이 납니다.

* 번개산 : 선산

10. 사십구재

선산에 뫼를 쓰고 삼우제를 맞이한 날
엄마 위패를 안치한 대덕사에는
다소곳한 찔레꽃이 소복으로 갈아입고
번개산 뻐꾸기 언제 따라왔는지 와서 웁니다
말수가 적은 엄마가 그러했듯
산속에 들어앉은 절은 고요했습니다
세종시 중심에 자리 잡은 원수산은
숲속의 맑은 공기가 엄마 마음 같았습니다
괴산 질마재를 떠나와 육신을 묻고

이승에서 누려보지 못한 행복을
영혼만이라도 하늘나라에서 누리시기를
원수산 대덕사 법당에서 사십구재를 드리오니
부디 편안하게 가십시오. 어머니!

서평

넘치는 개성, 시적 개그(Gag)

이 향 숙 시인
(한국문학작가연합)

시의 소재 가운데 비교적 흔하게 사용되는 것이 정서적 세계이다. 서정시의 본질은 자신의 감정을 언어로써 표출하는데 있다. 시인의 감정은 추상적이거나 설명할 수 없는 그 무엇이 아니라 시인이 일상생활을 해 나가는 과정에서 느끼는 자연스러운 감정이기가 쉽다. 시인들은 다양한 경험들을 잠재의식 속에 차곡차곡 쌓아두었다가 어느 순간 가슴에 불붙는 열정으로 그 경험들을 한 올 한 올 정성들여 뽑아내어 시로 승화시킨다.

또한 시인들은 자신의 색깔을 가지고 있다. 누구나 가질 수 없는 독자적인 독특한 특징들을 가지고 개성이 넘치는 필체로 독자들을 사로잡는 시인들이 많다. 그 중 박가월 시인의 시를 보면 많은 독자들에게 공감을 주면서도 자신만의 시세계를 추구한다. 서정시가 주를 이루고 있지만 그 서정시들도 다른 시인들이 그려내지 못하는 부분들을 서슴지 않고 그려내고 있다.

또한 詩로도 사람을 웃길 수 있다는 것을 박가월 시인으로부터 알았다. 〈황진이도 아닌 것이〉 첫 시집에는 개그적인 소재가 많다. 두 번째 시집에도 예외는 아니다. 개그적인 詩라서 품질이 저속하다거나 가치가 떨어지는 것이 아니다. 오히려 생생하게 전달이 된다. 시를 읽다가도 웃을 수 있는 창조적인 끼를 시인은 여과 없이 발산한다.

첫 시집에 들어 있는 시를 몇 편 살펴보자.

네 년이 황진이도 아닌 것이
내 마음을 뒤흔들어 놓는 것이다
이리도 몰랐던 그리움이
파도처럼 밀려오는 여인아
머릿속에 떠나지 않는 곡두
네 년이 무엇이관데.
내 마음을 사로잡는 것이냐
황진이가 있은들 무슨 소용 있으랴
보고 싶은 미운 년.

—「황진이도 아닌 것이」 전문

시의 제목부터 마음을 끈다. 역설적이다. 보고 싶은데 왜 미운 년인가. 기가 막힌 발상에 웃음이 나온다.

방정을 떨다가
어깨에 똥까지
싸놓고 빌면서
처먹어도
빌어 처먹는 놈
에이익 맛 좀 봐라

딱!

—「파리」 부분

대부분의 시에는 웃음이 없다. 교과서식으로 분위기가 딱딱하다. 박가월 시인만은 읽는 독자들을 분위기에 젖게 하고 실감나게 하는 파리와 인간의 밀접한 관계에서 일어나는 묘사가 정확하다.

글쎄, 풋풋한 얄궂은 냄새 알쏭한대!
그것이 밤꽃 냄새라우,
과부들이 환장하는 냄새라우,
밤에 창문으로 스며드는
밤꽃 냄새를 맡으면
과부들이 미치고 팔딱 뛴다우,
바로 男女가 짓거리할 때 나는 냄새라우,

—「밤꽃」 부분

예의를 갖춘 시는 공감은 하지만 독자를 웃길 수 없다. 간혹 흐트러진 모습도 보여줘야 삶의 진한 맛도 나고 양념 같은 역할에 하늘도 한번 쳐다보게 된다.

이 사람 술도 없이 뭣하고 앉았는가
뭐 이리 급한가 張가놈 기다렸지
李가야 金여사 앞에서 이놈이놈 할래
張가놈한테 張가놈하는데 새삼스리
우리 사이에 뭐 그리 가릴 게 있나
金여사도 우릴 이십 해를 지켜봤는데
한두 해도 아니고 이 사람아

그냥 지내세 그게 더 다정하이
술이나 시킴세 金여사가 비웃네 그려

—「張가야 李가야」 부분

시 속에 살아가는 모습이 진솔하게 담겨있다. 서민들의 삶이 힘들고 매일 되풀이되는 일상 속에서도 웃을 수 있는 여유를 준다. 이밖에도 〈첫눈〉, 〈벚꽃, 지다〉, 〈너나들이〉, 〈새의 봄〉 등이 있다. 필자는 이런 시를 시적표현이 독자들을 심오하게 하지 않게 있는 그대로 웃음이 터지는 시를 사실성 개그시라고 정의한다.

두 번째 시집〈한 남자의 한달생활비내역보고〉에서는 자유, 사랑, 향기, 자연 등 소멸되는 세계를 형상화하기도 하고 표면적으로 사실을 재현하기도 한다.

도시의 남자는 외롭다
갈 곳을 잃고 거리를 방황한다
오라는데 없고 갈 곳도 없는
남자는 도시에 설 수 없다
사람을 위해 사람이 만든
카메라 출입전자카드가 감시하고
자유로운 행동도 제약받아
사람들은 말 한마디 없다

—「도시의 남자」 부분

박가월 시인은 전달하고 싶은 관념이나 실제 체험을 미학적으로 형상화하지 않고 자신의 위치를 낮출 대로 낮추어서 시

속의 화자가 비탄하고 적대적인 세계와의 대립에서 패배할 수밖에 없다는 것을 암시한다. 자유로움을 제약받고 있는 화자더러 긍정적으로 살라는 말이 차마 나오지 않는다. 문제를 덮어두지 않고 비탄, 절망, 허무의 노래를 불러야 자아 인식을 찾고, 시가 무엇인지 왜 소중한지 재인식하게 하는 시이다.

다른 시인들은 현실의 문제를 세련되게 혹은 이미지화해서 표현할 수도 있겠지만 박가월 시인은 사회에서 소외되어가는 '도시의 남자' 를 통해 현실에 부딪힌 보편적인 문제를 질타하고 있다. 어떤 자격이 있어야 빌딩을 들락거릴 수 있고, 감시카메라가 화자의 일거수일투족을 감시해도 항거할 수 없다. 도시의 남자들은 정말 피곤하고 고독한 존재다. 가장이라는 책임아래에 구성원에서 소외되지 않기 위해 매장당하지 않기 위해 발버둥을 친다. 박가월 시인은 현실의 고통과 슬픔을 말하면서도 그걸 극복하지 못하고 죽어가는 사회로 그려졌다. 그것은 가라앉을 줄 모르는 물질 만능주의에 병들어가는 세태 속에서 '희망' 이라는 날개가 없어지기 때문은 아닐까 한다. 필자는 화자의 슬프고 고독한 정서가 행복으로 승화시키지 못해 안타까운 마음이다.

> 잠자리에서도 어머니의 냄새를 맡아야만 잠이 들곤하던 어린 시절이 내 나이 而立넘어서도 어머니의 젖가슴에 묻혀 애집하던 짭쫄한 그 맛이 지금도 향기로 다가옵니다.
>
> —「어머니의 향기」 부분

어머니는 모든 이의 고향이다. 근엄한 아버지보다 따뜻하고 아늑하고 자식의 허물을 그 넓은 품으로 덮어주고 주린 배를 든든하게 해 주셨던 어머니의 젖가슴이 유년기의 아름답고 소중한 기억으로 떠오른다. 다 커서도 어머니의 젖가슴을 만져야 잠이 들었던 필자도 공감이 가는 시이다. 형제가 많았던 탓에 먼저 어머니를 차지하기 위해 가위 바위 보를 수없이 한 기억과 그걸 바라본 어머니의 미소는 아직도 생생하다.

이 시는 20년 전쯤에 쓴 시로 추정된다. 현재 박가월 시인은 知天命이 넘었다. 그런데 20년이 지난 지금도 그 어머니의 향기는 변치 않고 여느 어머니처럼 박가월 시인을 따뜻하게 맞아준다. 화자는 어머니 품에 안겨 젖 먹던 순간만큼은 세상을 다 얻은 것처럼 행복한 포만감을 누리게 되었는데 그 유년시절의 추억이 而立이 넘어서도 아니 언제까지나 자꾸 찾고픈 향기인가 보다.

어머니의 젖가슴은 풍요로움의 상징인데 물질적으로는 가난한 시절이었지만 정신적으로 풍요로운 유년시절을 보낼 수 있었던 것은 항상 어머니의 아늑하고 따뜻한 품이 있었기 때문이고 그 심상이 현재까지도 어머니를 생각하고 그리워하게 되나 보다. 이 시집 뒷부분의 〈괴산 질마재 고개 너머〉라는 연작시를 보면 어머니에 대한 시인의 마음을 잘 알 수 있다.

> 잔설이 잊혀져 가는 애인의 기억처럼 아스라이 산등성이에 남았다 그 시절이 희끗희끗 아련한 추억 속으로 밀어져 간다 수없이 계절은 바뀌어도 그대를 잊지 못할 것 같은 냉혹한 현실도 봄 눈 녹아 흐르는 물처

럼 세월은 가고, 햇볕이 머문 담벼락에 졸고 있는 노란
병아리의 봄꿈인 양 추억은 내 머리에 잔설로 앉았다.
—「잔설」 전문

이 시는 산문처럼 쓰인 시이다. 시인은 자신이 하고 싶은 메시지를 생경하게 직설적으로 전달하지 않고 하나의 직유나 은유적으로 표현하고 있다./애인의 기억처럼/흐르는 물처럼/-직유법으로 표현했고,/추억은 잔설로 앉았다/-부분은 은유적으로 표현하였다.

화자는 추억만 붙잡고 있기에는 현실 앞에선 무모한 일이기에 산등성이의 잔설을 보면서 현실에 순응하는 삶의 자세를 취한다. 잔설은 오래도록 녹지 않고 흙과 한 몸이 되어 굳어진 마음이다 추억이다 역사인 것이다. 젊은 날의 추억을 잔잔히 회상하면서 삶의 의미를 되새겨보는 작품이다. 잃어버린 꿈이나 사랑 같은 것에 대한 그리움이 슬프지만 아프지만 담담하게 형상화되어 있다.

잔설은 찬바람이 머무는 곳에만 있다. 누구의 발길이 닿지 않고 따뜻한 햇볕도 닿지 않는 곳에 잔설은 외롭게 아주 천천히 세월을 느끼고 있다. 산등성이는 누구의 발길이 쉬 닿지 않은 곳이다. 또한 높아서 대기가 차기 때문에 눈이 녹지 않아 잔설이 남아있다. 잔설로 앉은 머리, 어느 정도 삶을 달관한 시인은 외롭다.

이처럼 시인은 시어를 과하지 않게 적절하게 은유하여 시의 완성도를 한층 더 높였다.

나 사랑해
응
하늘만큼 땅만큼
정말
응
나보고 얘기해
………!

—「사랑은 어린애 같아라」 부분

시는 장황하게 진술을 늘어놓는 것만이 능사가 아니라고 앞에서 말한바 있다. 이 시는 그런 점을 실증적으로 가르쳐주고 있다. 시의 길이가 짧고 언어가 간결하다. 표현에 도움이 되지 못하는 부분들은 미련 없이 삭제하여 시인이 의도한 메시지를 잘 전달하고 있다. 시는 가능한 표현을 절제하고 언어를 단순화 시켰는데도 시의 맛이 살아있다.

시인은 '사랑' 을 소재로 한 시를 즐기는듯하다. 이번 시집에서는 유독 '사랑, 그리움, 이별' 등 시인의 서정적인 시향을 단면적으로 보여주는 시가 많다. 위 시도 사랑을 하게 되면 어린아이처럼 자꾸 보채게 되는 마음을 대화체로 보여주고 있다. 어린아이가 소꿉장난 하듯이 귀엽고 앙증맞게 다가온다. 위 시를 읽으면 해 맑게 웃는 시인의 얼굴이 오버랩 된다.

순수한 마음끼리는 통하는 것이 사랑인데 박가월 시인도 어린아이처럼 순수한 마음을 가졌다. 사랑을 하면 나이를 먹지 않는가 보다. 두 번째 시집인 이 시집에서도 〈사랑은 어린애 같아라〉와 같이 개그 소재를 다루고 있다.

형아, 장가 안 가?
형아가 장가 가야 나도 가지.
쪼그만 놈이 벌써 장가냐,
형아 닮아서 장가는 일찍 가고 싶구나?
응, 형아 닮았나봐.
색시는 있냐?
없어, 없지만 웃말 금순이
누나를 좋아해.
자식, 그것도 형아 닮았네.

—「동수 이야기」 부분

이 녀석이 간밤에 그런 것을 보았는지
아버지와 엄마가 하던 사랑을 흉내낸다
남 다 자는 밤에 은밀히 하던 사랑을
분명 잠에서 깨어나 숨죽이고 보고서
낮에 소꿉놀이에 동무한테 써먹는 것이다

—「간밤에 그런 것을 보고」 부분

어렸을 적에 농경사회에서 자식들을 많이 낳고 좁은 방에 대가족을 이루고 살 때 특히 밤에 지그재그로 잤던 기억이 있는데 이런 유년시절 생활모습의 한 단면을 보여주고 있다. 자식이지만 부모가 싸우는 것 같기도 하고 무서워 숨죽이고 목격한 지금의 어른들은 많을 것이다. 위 시를 읽고 그 시절을 떠오르니 수줍게 얼굴이 붉어진다.

휴대폰 음악은 그녀였다

가장 좋아했던

그녀가
튕기더니 별일이야
전화까지 먼저하고

철드니 나만한 놈 없겠지
제까짓 게.

—「그녀가」 전문

현대에 살면서 지금은 휴대폰 없는 사람이 없을 것이다. 이런 내용이 시가 될 수 있다는 것을 보면 박가월 시인은 끼가 많은 시인이다. 이런 발상을 과감하게 끌어내어 익살맞게 딱 부러지게 빚어내는 솜씨가 재치 있게 구수한 글을 그려내고 있다. 이것이 개그가 아니고 무엇이겠는가. 박가월 시인의 시 소재는 참으로 다양하고 감히 접근하지 못하는 소재들을 경계없이 넘나드는 것에 독자들은 놀라고 가려운 부분을 긁어 주는듯 해서 통쾌함을 느낀다고 한다.

아름다움 쏟아 붓는/ 반란//
화려함이 내던져진/ 자폭//
이른 봄 떠나보낸/청상//
꽃 지던 날 소임 마친/잉태

—「낙화」 전문

시를 아무렇게나 쓰지 않았으며, 1연, 2연과 3연, 4연이 대응되고, 길고 짧은 줄이 적절하게 배열되도록 하는데 유의했다. 시 전체가 이미지로 형상화되어 있다. 이미지란 우리말로 심상이라고 한다. 심상이란 원래 심리학에서 쓰이던 말로써,

"상상력에 의하여 구체적인 情景을 마음속에 그리는 일" 또는 "이전에 감각에 의하여 얻어졌던 것이 마음속에서 재생한 것" 으로 정의된다. 프레밍거가 편집한 『시학사전』에서는 이미지를 "신체의 지각작용에 의해 생산된 감각의 마음 속 재생" 으로 정의하고 있기도 하다. 이 시의 이미지는 시인의 상상력에 힘입어 독특한 모양으로 재구성 되었다. 시인의 상상력이 다시 독자의 상상력을 자극하기도 한다. 경구 시에서 참다운 이미지의 창출은 시인과 독자의 상상력이 긴밀히 조우하는데서 가능한 것이다.

화자가 자신의 감정이나 생각을 직접 토로하는 것이 아니라 사물을 통해 간접적으로 은유적으로 보여준다. 이 시는 말하는 시가 아니라 보여주는 시다. 시각적 이미지를 많이 나타내고 있다.

꽃이 피기 전의 새순은 너무 여리고 애처롭다. 옹이에서 꽃가지를 틔우는 희생은 아름다움을 보여주기 위한 반란으로 비춰진다. 그 반란이 끝난 뒤 화려함에 온 세상이 눈부시다. 그 눈부신 중간에 벌써 이별을 준비하는 꽃도 있다. 그 꽃이 지고 나면 결과물인 열매가 또 다른 삶을 시도한다.

어쩌면 시인은 이 시를 통해 '인간의 삶' 을 표현하지 않았나 한다. 아름다운 유년시절을 보내고, 꿈 많은 사춘기를 보내고, 열정이 넘치는 청년기를 보내고, 여유로운 중년의 문턱을 넘어서서 뒤돌아보니 자식들이 또 다른 나를 닮아가고 있는 것을 깨닫게 된다.

얼마나 보고 싶었으면 울었을까
멀리 있어 만나지 못하는 애틋한 마음에
전화통화는 물론 문자도 보내고 편지도 쓰는데
사랑의 갈증을 풀 수가 없는 것인가

—「애인」 부분

시인의 심상을 잘 나타내고 있다. 수식적 표현이 지나치지 않고 사랑하는 사람에 대한 '예의'를 갖추고 있다. 아름다운 언어로 수식하지 않아도 솔직하고 순수한 사랑하는 사람에 대한 화자의 심상에 믿음이 간다. 주어도 더 주고 싶은 것이 사랑이고 받아도 더 받고 싶은 것이 사랑인가. 보고 싶은 마음을 '눈물'로 표현 할 정도로 애절함이 묻어난다. 가까이 있지 않아 보고 싶은 그 마음을 해소시켜 주지 못해 애인을 울게 한 잘못이 화자에게 있다고 아름다운 자책을 한다.

흔히 미숙한 시인들은 메시지를 강조하거나 시의 서정적인 분위기를 자아내기 위하여 많은 말을 구사하려고 한다. 짧은 말 보다는 긴 말이 설득력이 있을 거란 생각과 서정성을 환기시키기 위해서는 그럴듯한 수식어나 수사법을 많이 동원해야 할 것이라는 그릇된 편견을 가지고 있기 때문이다.

우리는 '사랑한다'는 말을 무수히 내 뱉는다. 그 무수히 내뱉는 말에 실천이 따라가지 못할 때는 가슴이 아프기도 한다. 애인이 변치 않고 한결같은 사랑에 믿음을 가진 화자는 행복하다고 한다.

시를 이해하는 기초는 우선 시적 진술을 있는 사실 그대로 받아들이는 일이다. 독자들이 시를 읽는다는 그 자체에서 벗어나, 시를 이해하고 분석하는 것도 독자의 몫이다.

시가 어렵지 않지만 각각의 관점에 따라 이해되는 부분도 있고 그렇지 않은 부분도 있다. 이해되지 않은 부분은 시를 읽는 독자가 화자의 마음에 몰입하여 읽게 되면 그 마음이 독자의 마음에 전이되어 감동과 또 다른 즐거움을 줄 것이다.

위 몇 편의 시를 살펴본 바와 같이 박가월 시인의 시세계는 다른 시인들이 그려내지 못한 독특한 표현이나 심상으로 독자들과 긴밀히 조우한다. 시인의 상상력에 의해 그려진 언어의 그림인 이미지가 아무리 아름답더라도 그것을 시의 정서를 표현하는데 기여하지 않는 한, 또는 시 속의 다른 이미지와 연결되지 않는 한 시인은 그것을 쓸 수 없을 것이다. 특히 박가월 시인이 그려내는 이미지들은 맑고 순수하게 표현되어졌다. 시 속에 다른 이미지와 자연스럽게 매개가 되고 어색하지 않고 누구나 고개를 끄덕일 수 있는 이미지들이 줄줄이 나올 수 있는 누구나 넘보지 못하는 박가월 시인만이 가지고 있는 시 내공이 가히 깊다고 볼 수밖에 없다.

박가월 시인은 현재 30년 넘게 시를 써 왔다. 그 열정이 변하지 않고 시 쓰는 순간이 행복하다고 말한다. 시의 제재가 무궁무진 하다고 한다. 시인의 눈에 띄기만 하면 무의미하고 볼품없는 무생물도 감동을 주는 한 편의 작품 속에서 생명력을 가진다. 또 청각에서 시각으로, 시각에서 촉각으로 등등. 모든 감각들이 결합을 통해 시의 의미구조를 다양하고 풍부하게 만드는 것은 시인이 가지고 있는 감수성의 특질이라 볼 수 있다.

박가월 시인은 구성진 시가 있는가 하면 아름다운 시가 있고, 전반에 걸쳐 뚜렷한 개성을 가지고 핵심이 드러나게 글을 쓴다. 식지 않은 사랑 시가 있고 익살스런 시적 개그가 있어 읽는 독자들을 지루하지 않게 시를 쓰는 것이 박가월 시인의 장점이다.

한 남자의 한달생활비내역보고

박가월 시집

발 행 일 | 2011년 10월 20일

지 은 이 | 박가월
발 행 인 | 李憲錫
발 행 처 | 오늘의문학사
출판등록 | 제55호(1993년 6월 23일)

주 소 | 대전광역시 동구 삼성1동 125-6 한밭오피스텔 401호
전화번호 | (042)624-2980
팩 스 | (042)628-2983
홈페이지 | http://www.lito77.co.kr(홈페이지)
전자우편 | hs2980@hanmail.net

ISBN 978-89-5669-462-7
값 7,000원